AF279385

Cristina Guzmán Muñoz

APULEYO EDICIONES   FOMENTO DE VALORES   CUENTOS ILUSTRADOS

UN CONEJO SIN OREJA

APULEYO EDICIONES   FOMENTO DE VALORES   CUENTOS ILUSTRADOS

En una granja muy especial, donde viven todos los animales felices y en armonía, donde cada uno tiene su trabajo, en esa granja, vive una conejita muy especial llamada Gordita y su esposo conejo llamado Corazón.
Se llama así porque tiene una marca de nacimiento con esa forma.

Pero a ellos les faltaba algo, algo que todos tenían y ellos deseaban por encima de todo, ser padres.

Llevaban años detrás de ello, pero los meses pasaban
y ellos estaban cada vez más apenados.

Gordita siempre miraba a las mamás con sus bebés y su esposo intentaba consolarla de todas las maneras posibles, haciéndole regalos, llevándola a lugares bonitos...

Pero, aunque se animaba mucho y le daba las gracias a su esposo por todo, ese vacío siempre estaba...

Un día, Gordita estaba trabajando y sin saber lo que estaba sucediendo, descubrió que esperaba un bebé. Se lo dijo a su esposo y juntos, llenos de alegría, se lo dijeron a toda la granja y todos se pusieron muy contentos.

Pasó el tiempo y Gordita tuvo a su bebé, lo llamaron Max.
Era un bebé precioso y nació con la marca de su padre, el corazón,
pero él la tenía en la tripa, y también nació con algo diferente; a lo
que sus padres no le dieron importancia. Nació con una sola oreja.

Todos los habitantes de la granja se alegraron por el nacimiento de Max y no le dieron importancia al hecho de que tuviera una sola oreja.

Max creció feliz con unos padres que le querían más que a nada y le protegían de todo y también con el cariño de toda la granja, porque al tener solo una oreja, no escuchaba muy bien y tenían que estar pendiente de él.

Los años pasaron y Max creció feliz. Era el mejor en coger zanahorias y el más rápido.

Tenía a sus dos amigos: Pecas y Marrón. Los dos eran rápidos,
como él, y siempre se apoyaban en todo.

Un día, los conejos malotes de siempre se metieron con Max porque tenía una oreja y no oía bien. Entonces, cansado de sus burlas, comentó a sus amigos de hacerse una oreja.

Ellos le decían que pasara de ellos, pero sabían que siempre lo mismo cansaba.

Decidieron apoyarlo y buscaron una solución entre los tres. Buscaron objetos,
una hoja de papel o una hoja de un árbol, un palo, un cable,
pero nada se sujetaba.

Max vio que su madre usaba una diadema e ideó una forma para utilizarla, pero ¿qué podría usar como oreja? Buscó y buscó y se le ocurrió que con un calcetín estaría bien.

Se lo comentó a sus amigos Pecas y Marrón y entre
los tres hicieron la oreja perfecta para Max.

Max se miró en el espejo y al ponerse la oreja, se vio diferente.
Su oreja nueva causó muchos comentarios y los padres de Max
decidieron apoyarlo, pues era su decisión.

Max estaba contento con su oreja, lo malo era que no podía hacer bien su trabajo de buscar zanahorias porque se le caía y cuando corría también.

Él era bueno corriendo y por culpa de su oreja de calcetín, no podía correr y todos contaban con él, también porque era el mejor cogiendo zanahorias y esa oreja le estaba impidiendo hacer aquello por lo que siempre había sido querido y admirado.

Un día, sin pensárselo dos veces, se quitó la diadema con
su oreja e hizo su trabajo perfectamente, como siempre,
y nadie se interesó en si llevaba, o no, la oreja.

Max se dio cuenta de que la gente que él quería, y la que le importaba, no le interesaba su aspecto, sino cómo es él; lo demás sobraba y si alguien se molestaba, pues no era su problema.

Max era así, generoso, bueno, rápido, amigo de sus amigos y tenía los mejores amigos y la mejor familia que podía desear.

Max se miró un día en el espejo, se vio sin oreja y luego con oreja... Se rio, porque la verdad es que hay que aceptarse uno tal y como es.

Él se consideraba muy afortunado y eso era lo más importante.

Nadie volvió a mirarlo diferente porque Max era el conejo sin oreja y por eso, era único y especial.

UN CONEJO SIN OREJA

APULEYO EDICIONES   FOMENTO DE VALORES   CUENTOS ILUSTRADOS

Cristina Guzmán Muñoz

APULEYO EDICIONES   FOMENTO DE VALORES   CUENTOS ILUSTRADOS

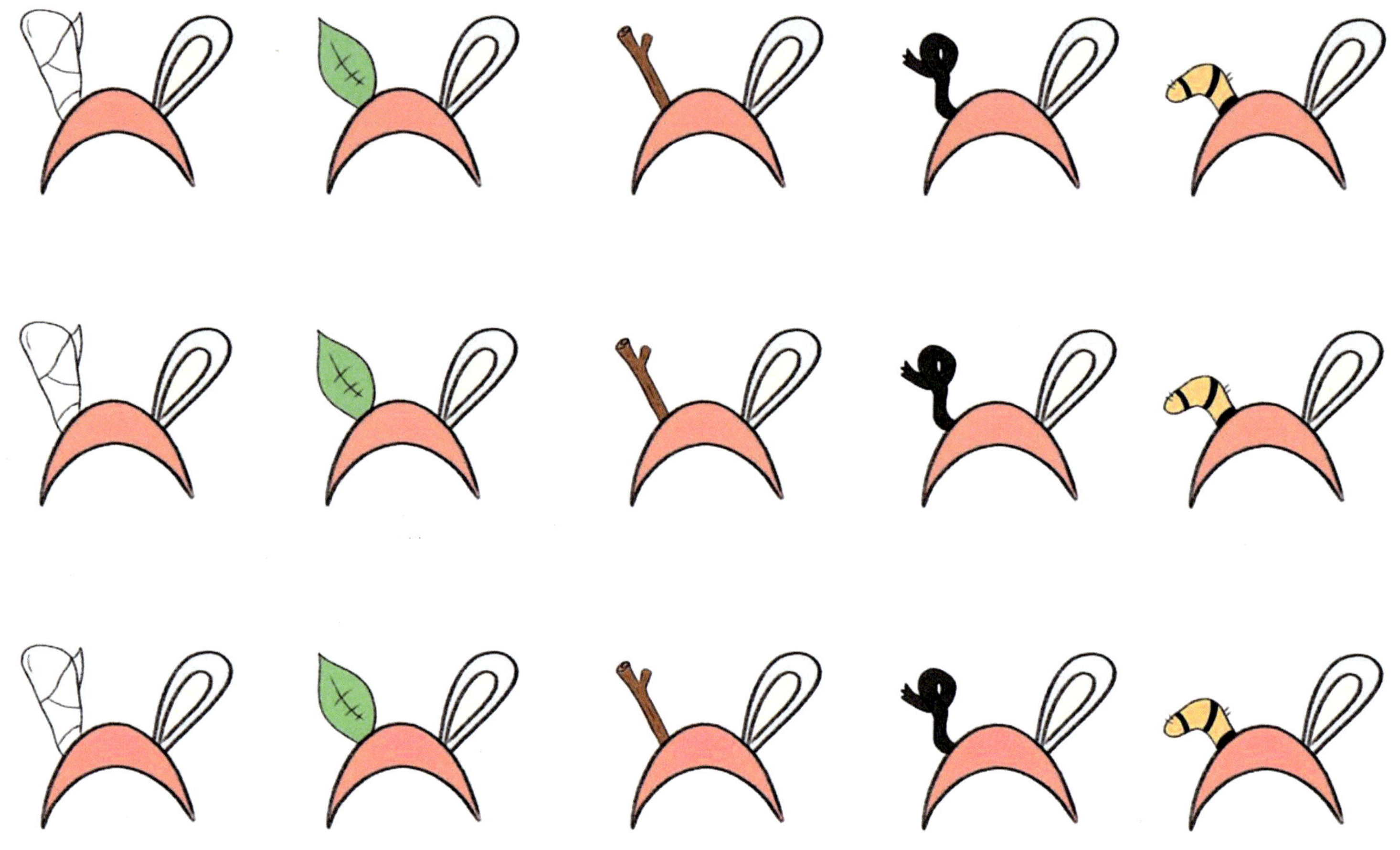